PRIMER PASO:

TOCA ACORDES
PARA TECLADO

Teclado Alesis QS7 cortesía de Peter Pickow
Fotografía por Randall Wallace

Editor del Proyecto: Felipe Orozco
Diseño gráfico por Josh Labouve

Número de Pedido. AM982036
US International Standard Book Number: 0.8256.3359.1

DISTRIBUTED BY

HAL•LEONARD®
CORPORATION
7777 W. BLUEMOUND RD. P.O. BOX 13819 MILWAUKEE, WI 53213

Pistas del CD

Contenido

Construcción de Acordes

Escalas

Para poder hablar sobre la construcción de los acordes, necesitamos discutir los elementos fundamentales para la formación de los mismos, es decir, *las escalas*. Existe una gran variedad de escalas disponibles para el músico, pero aquí explicaremos únicamente las más básicas—la mayor, la menor y las escalas cromáticas.

Mayor

Menor armónica

Menor melódica

Cromática

Las escalas se determinan por la distribución de *tonos* y *semitonos*. Por ejemplo, en la escala mayor encontramos semitonos entre el tercer y el cuarto grado, y entre el séptimo y el octavo. La escala menor armónica cuenta con semitonos entre el segundo y el tercer grado, entre el quinto y el sexto, y entre el séptimo y el octavo. La escala menor melódica cuenta con semitonos entre el segundo y el tercer grado, y entre el séptimo y el octavo grado de manera ascendente. De manera descendente, los semitonos se encuentran entre el sexto y el quinto, y entre el tercero y el segundo grado; entre el séptimo y el octavo grado encontramos un tono completo.

Las *grados* de las escalas también se identifican con números romanos, como en el ejemplo anterior y con los siguientes nombres:

   I. Tónica
  II. Supertónica
 III. Mediante
 IV. Subdominante
  V. Dominante
 VI. Superdominante
VII. Sensible

Intervalos

Un *intervalo* es la distancia entre dos notas. Este es el fundamento de la armonía (acordes). En el siguiente ejemplo tenemos los nombres de los diferentes intervalos, esta terminología es bastante estándar pero es probable que encuentre otras nomenclaturas en diversas formas de literatura musical.

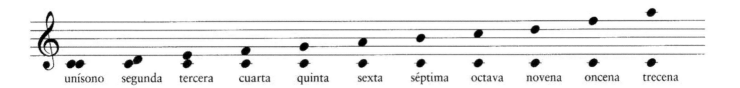

unísono   segunda   tercera   cuarta   quinta   sexta   séptima   octava   novena   oncena   trecena

Acordes

Los *Acordes* se forman al combinar dos o más intervalos, la combinación más simple se llama *tríada*. Una tríada se forma de tres notas que se obtienen por medio de la superposición de dos terceras. Las notas se llaman *tónica (ó fundamental)*, *tercera* y *quinta*.

quinta
tercera
tónica

Inversiones

Las *Inversiones* se producen al arreglar los intervalos de un acorde en diferente orden. Se dice que una tríada se encuentra en *posición fundamental* cuando el acorde tiene la tónica como la nota más grave (o baja). Cuando la tercera del acorde es la nota más grave, se dice que el acorde está en *primera inversión,* cuando la quinta del acorde es la nota más grave, se dice que el acorde está en *segunda inversión.* A medida que los acordes sean más complejos —como acordes de sexta, de séptima, de novena, etc.—estos formarán diferentes inversiones.

fundamental   1era inversión   2nda inversión

Note que cuando se invierten acordes más complejos, muchas veces la inversión se convertirá en un acorde completamente diferente.

Acordes Alterados

Cuando un acorde consiste en la fundamental, una tercera mayor y una quinta justa, dicho acorde se conoce como *tríada mayor.* Cuando la construcción de la tríada se altera bajando la tercera del acorde un semitono, se convierte en una *tríada menor.* El siguiente ejemplo contiene acordes que cuentan con intervalos alterados.

Como Usar Este Libro

El hecho de saber acordes y tratar de hacer que suenen como un concierto o una sonata, no significa que se sabe tocar el piano, pero bueno, no todos somos Mozart ¿o sí? De cualquier manera, la idea de disfrutar el simple hecho de tocar el piano complace a todo el mundo, por lo cual hemos creado este libro. El poder tocar acordes en el piano es una gran manera de acompañarse a sí mismo. Por ejemplo, si usted quiere interpretar una canción, lo único que necesita es tocar los acordes de la partitura deseada para así poder acompañarse al mismo tiempo que canta. Aunque a lo mejor le tome algun tiempo el dominar los cambios de un acorde a otro, con un poco de práctica usted podrá tocar y cantar todas sus melodías favoritas. Si a lo anterior le agrega algunos acordes en inversión y bajos, usted sonará como un profesional en muy poco tiempo.

Este libro se divide en doce secciones—una sección por cada tonalidad. Las secciónes están ordenandas *cromáticamente*—un semitono a la vez—desde la tonalidad de Do (C) hasta la tonalidad de Sı (B). Cada acorde cuenta con cuatro elementos—el nombre del acorde, su fotografía, el diagrama de la posición en el teclado y los nombres de las notas que forman el acorde.

El *nombre del acorde* se presenta de dos formas. En la parte izquierda superior se encuentra el nombre general de cada sección y en cada uno de los acordes individuales se muestra la nomenclatura y el tipo de acorde. Existen diferentes nombres y símbolos para los acordes, pero los presentados en este libro son los más comunes y son las que encontrará en la mayoría de las partituras y libros musicales (para nombres alternos, ver la página 32).

La *fotografía* de cada acorde le muestra dónde colocar sus manos en el teclado. La mayoría de las fotografías muestran posiciones de la mano escogidas teniendo en cuenta al estudiante principiante. Básicamente, estas digitaciones son las más fáciles y cómodas para la mayoría de las situaciones.

El *diagrama de la posición en el teclado* se encuentra ubicado debajo de cada foto. Este ilustra las teclas que se usan para formar cada acorde, las cuales se encuentran sombreadas de color gris.

Finalmente, en cada una de las teclas grises del teclado se encuentran los *nombres de las notas de cada acorde*. Estas son las notas que forman el acorde.

Acordes de Do

C

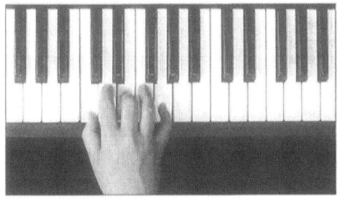

C+

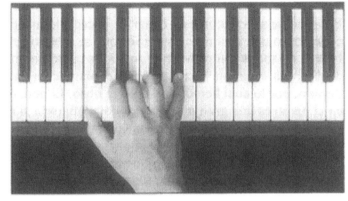

Csus4

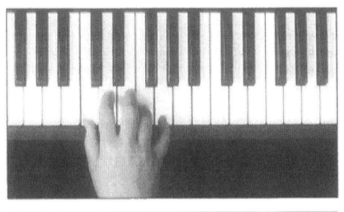

C6

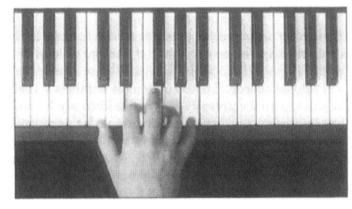

C7

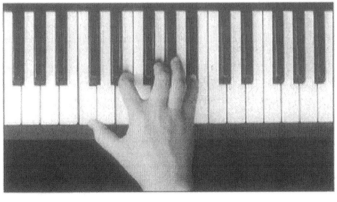

C°7

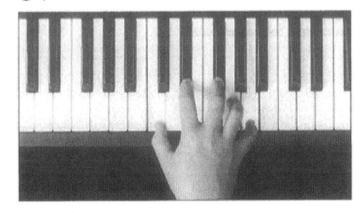

Cmaj7

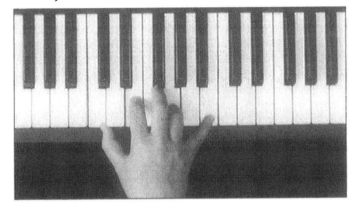

Cm

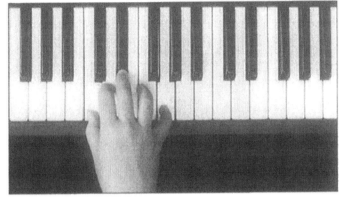

Cm6

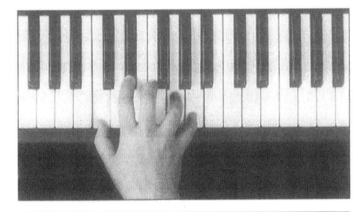

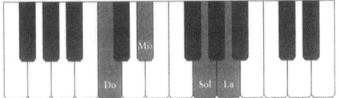

Cm7

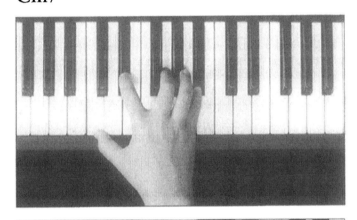

Cm7♭5

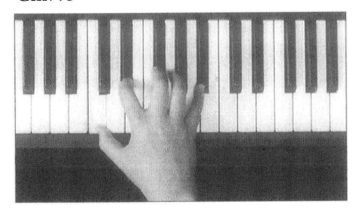

Cm(maj7)

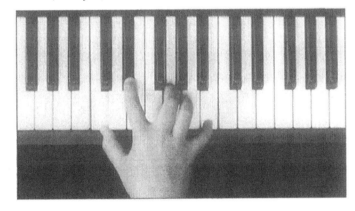

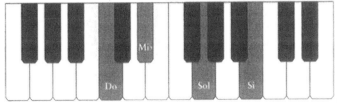

Acordes de Reb/Do#

Db

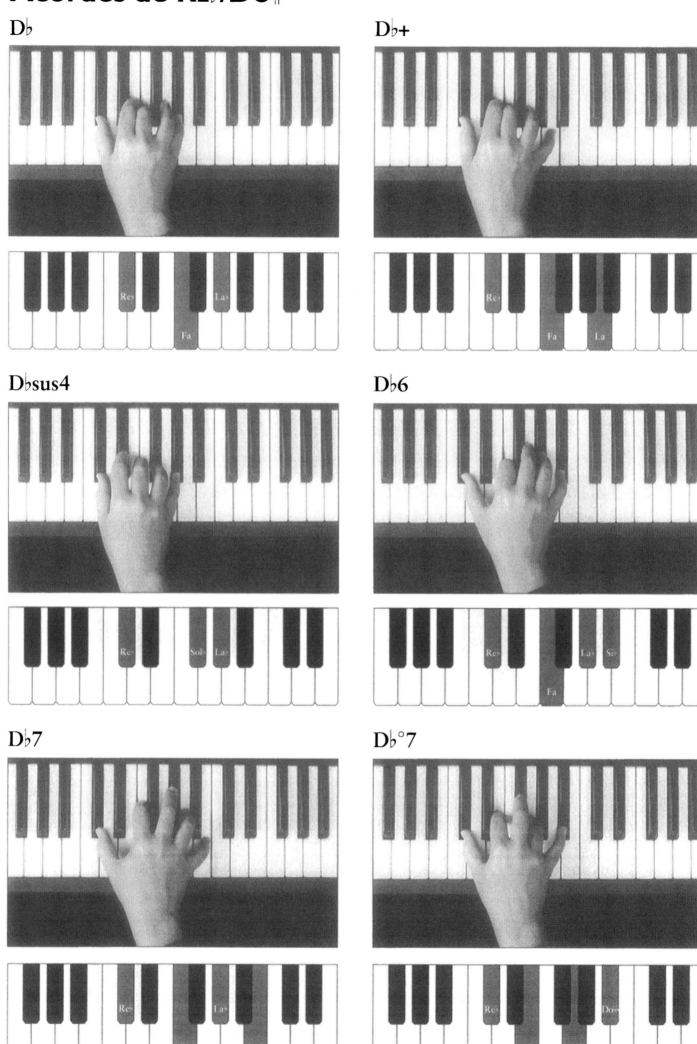

Db+

Dbsus4

Db6

Db7

Db°7

D♭maj7

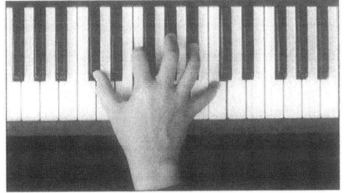

D♭m

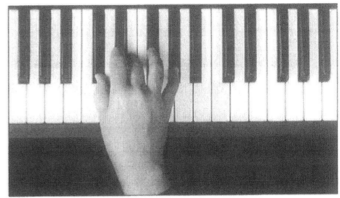

D♭m6

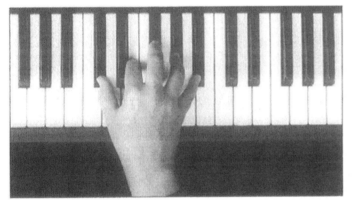

D♭m7

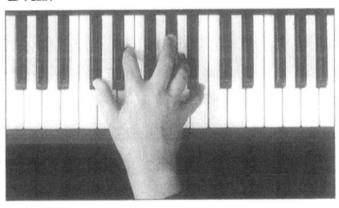

D♭m7♭5

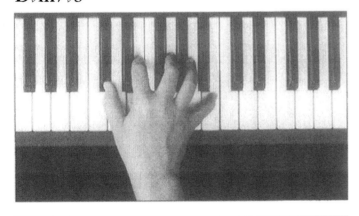

D♭m(maj7)

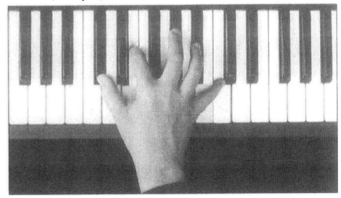

Acordes de Re

D

D+

Dsus4

D6

D7

D°7

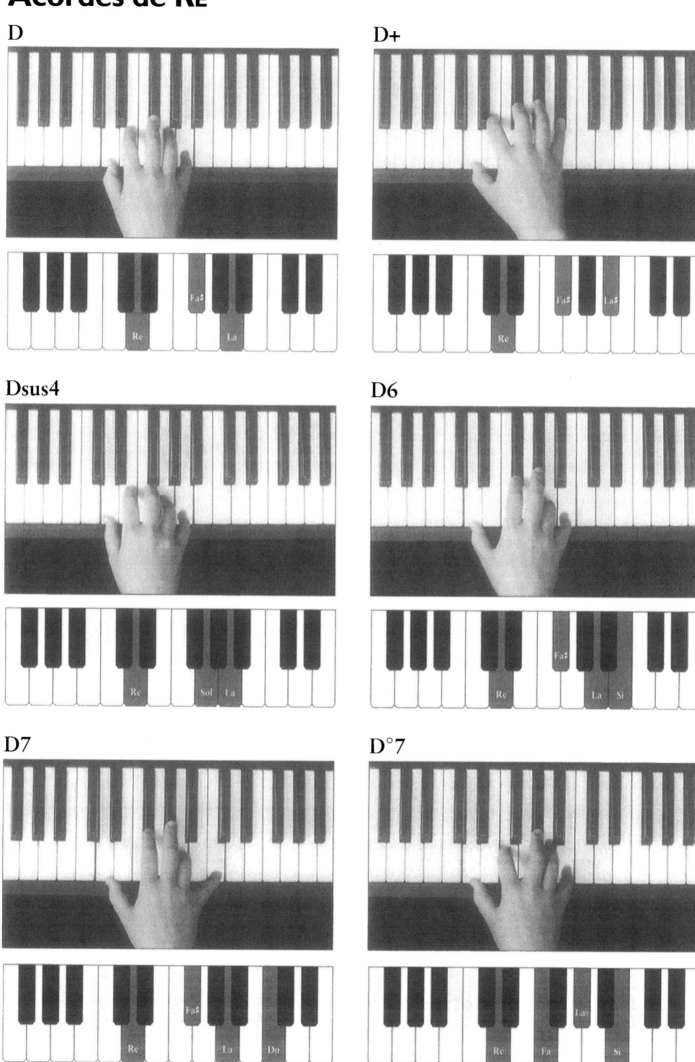

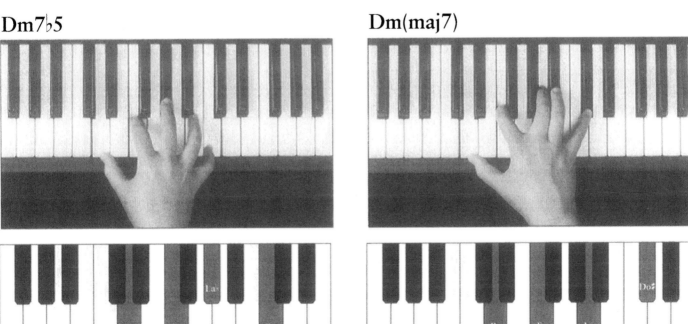

Dmaj7

Dm

Dm6

Dm7

Dm7♭5

Dm(maj7)

Acordes de Mɪ♭/Re♯

E♭

E♭+

E♭sus4

E♭6

E♭7

E♭°7

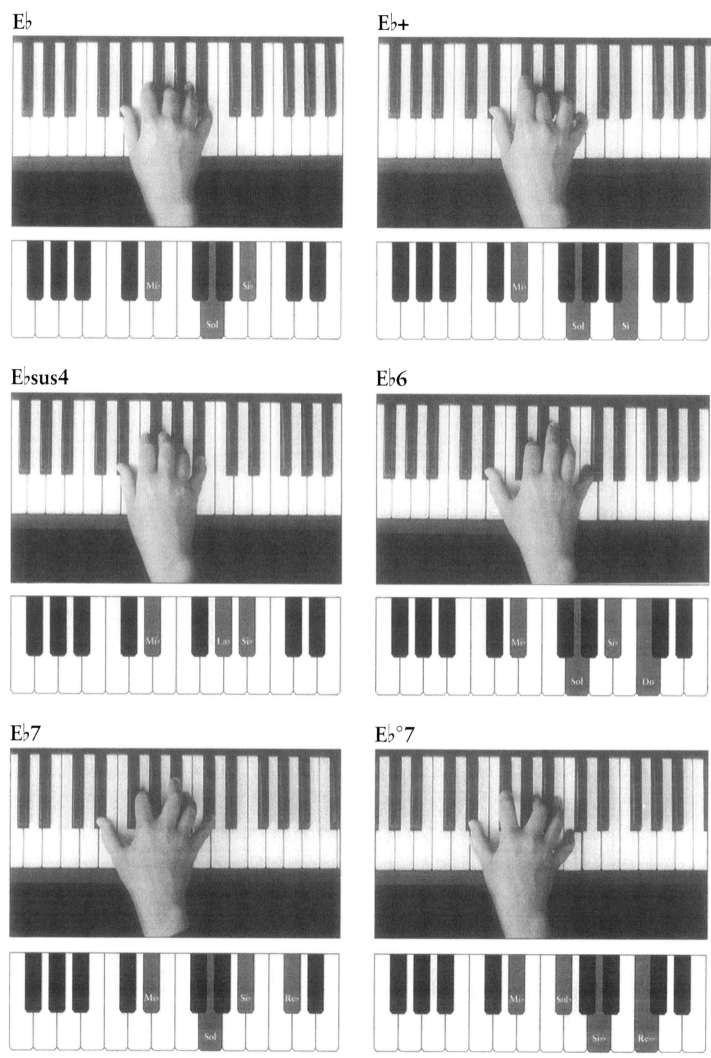

E♭maj7

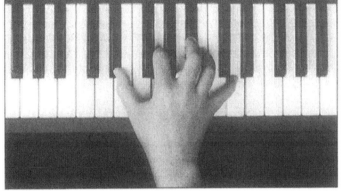

E♭m

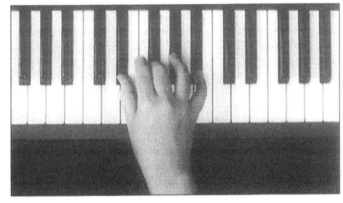

E♭m6

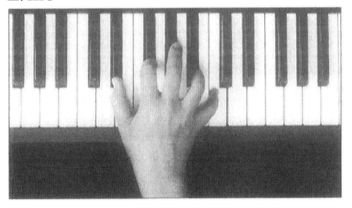

E♭m7

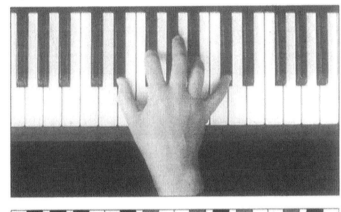

E♭m7♭5

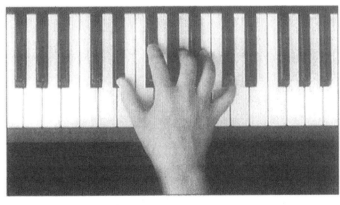

E♭m(maj7)

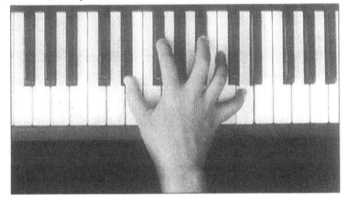

15

Acordes de Mɪ

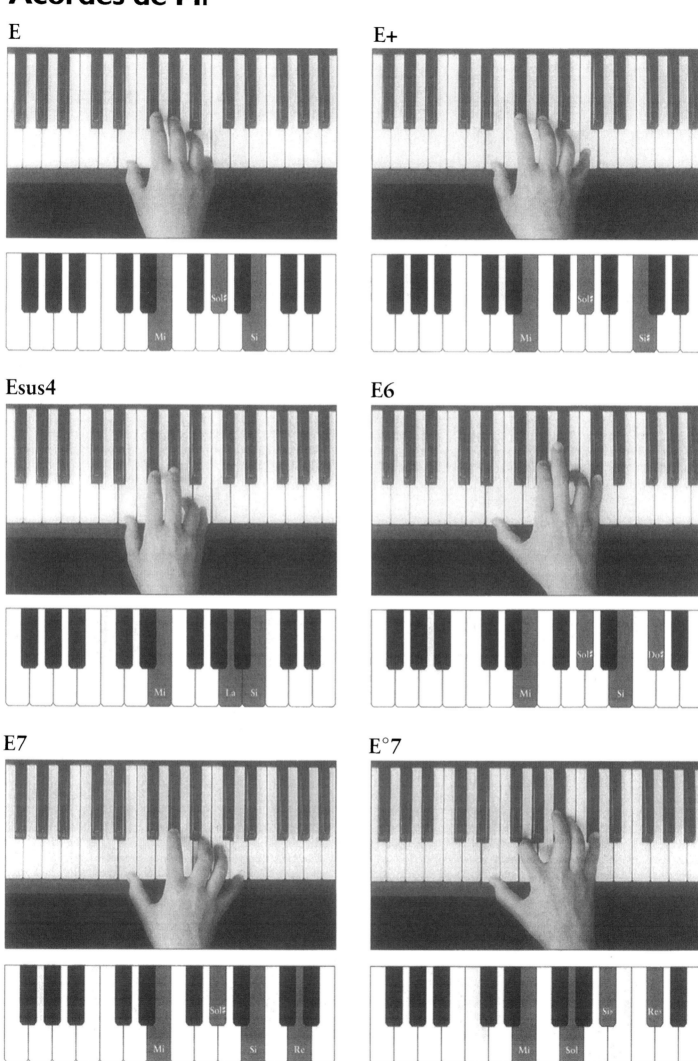

E

E+

Esus4

E6

E7

E°7

Emaj7

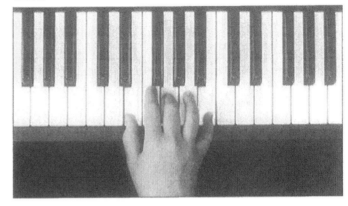

Em

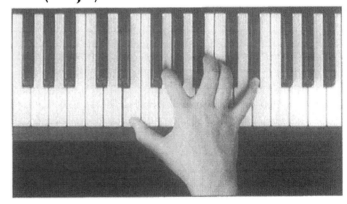

Em6

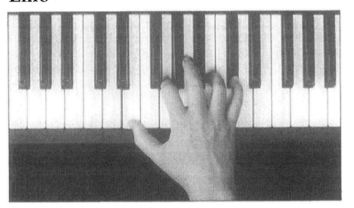

Em7

Em7♭5

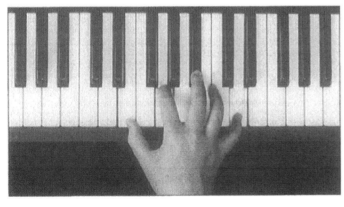

Em(maj7)

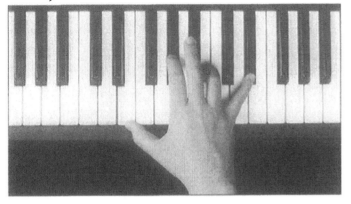

Acordes de Fa

F

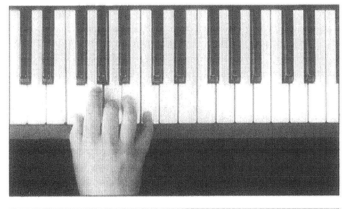

F+

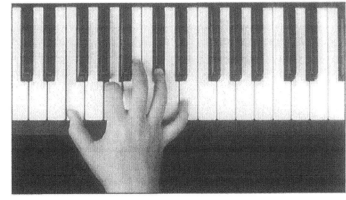

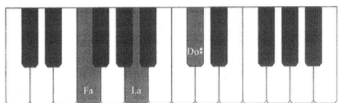

Fsus4

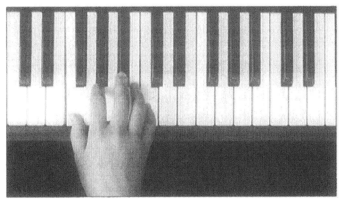

F6

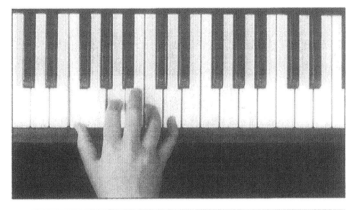

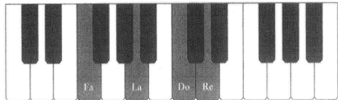

F7

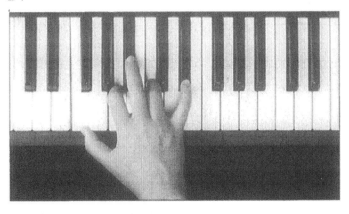

F°7

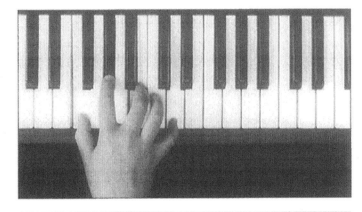

Fmaj7

Fm

Fm6

Fm7

Fm7♭5

Fm(maj7)

Acordes de FA#/SOL♭

F#

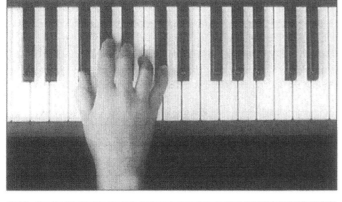

F#+

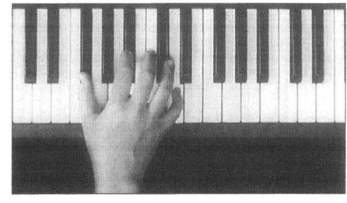

F#sus4

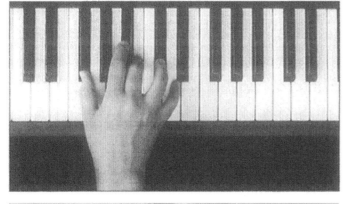

F#6

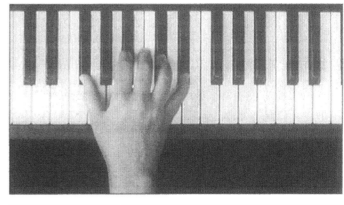

F#7

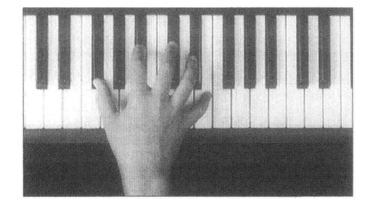

F#°7

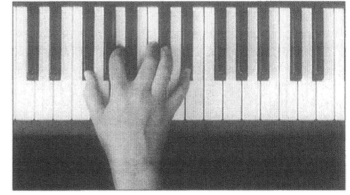

F#maj7

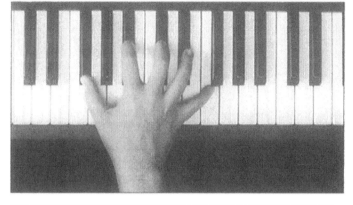

F#m

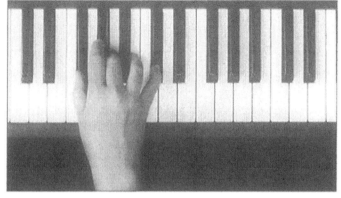

F#m6

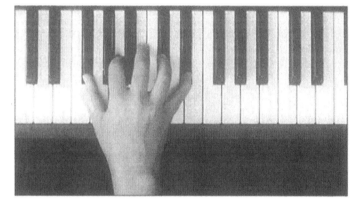

F#m7

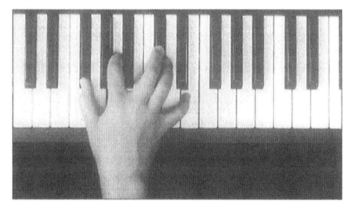

F#m7♭5

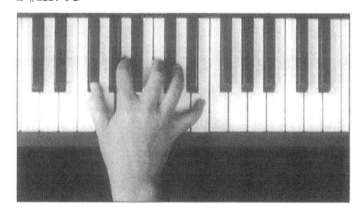

F#m(maj7)

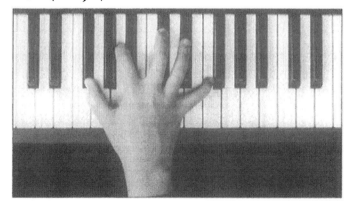

Acordes de Sol

G

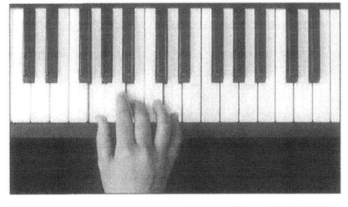

G+

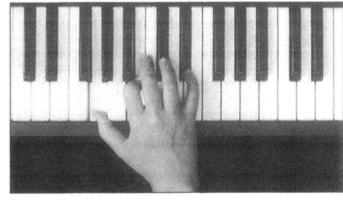

Gsus4

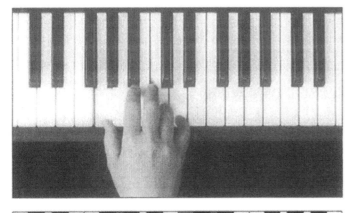

G6

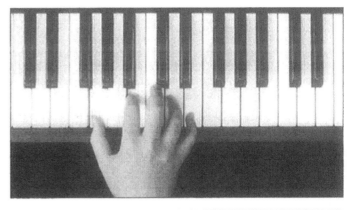

G7

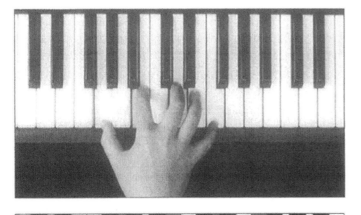

G°7

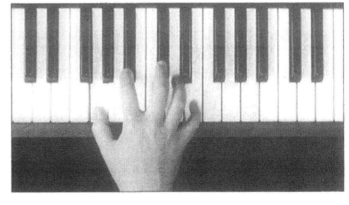

Gmaj7

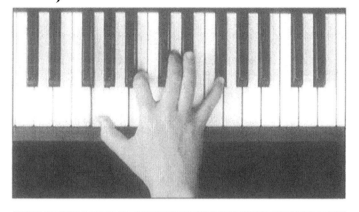

Gm

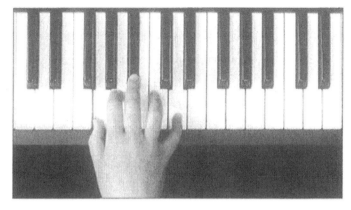

Gm6

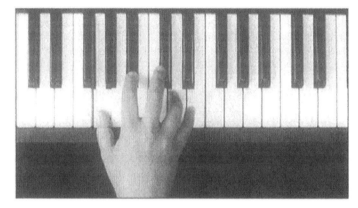

Gm7

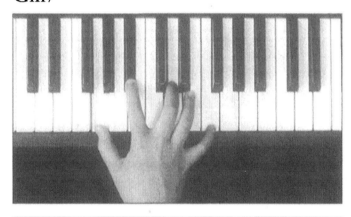

Gm7♭5

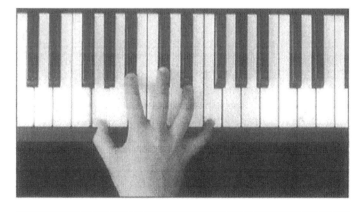

Gm(maj7)

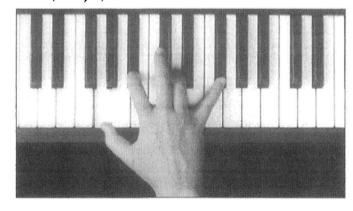

Acordes de Lab/Sol#

Ab

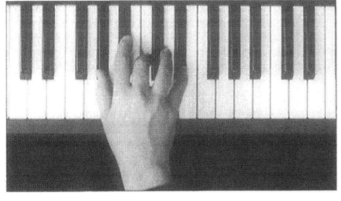

Ab+

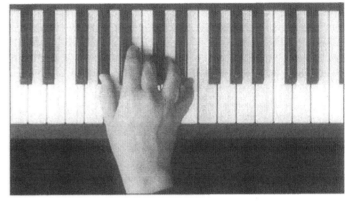

Absus4

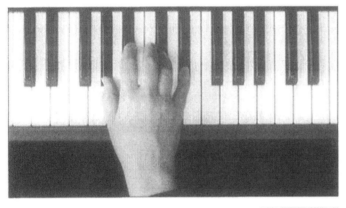

Ab6

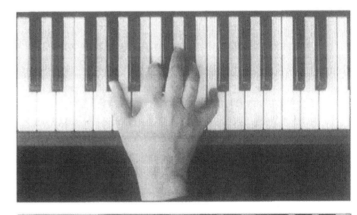

Ab7

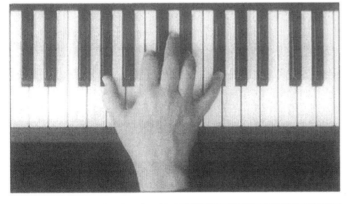

Ab°7

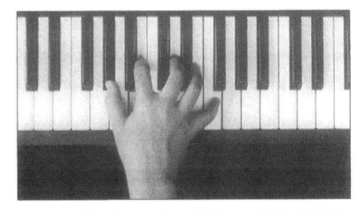

A♭maj7

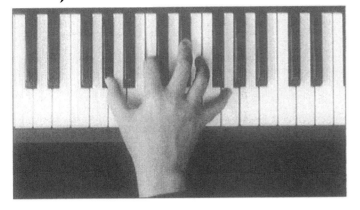

A♭m

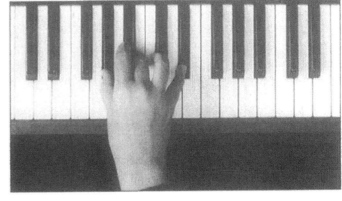

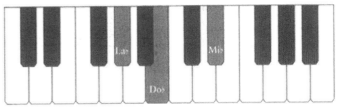

A♭m6

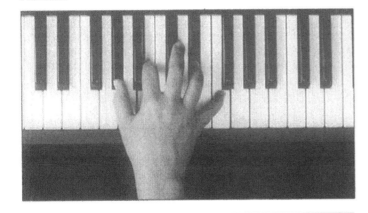

A♭m7

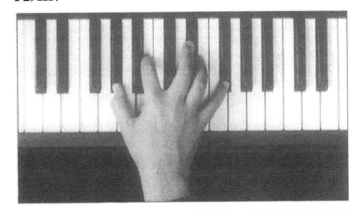

A♭m7♭5

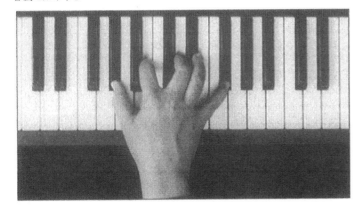

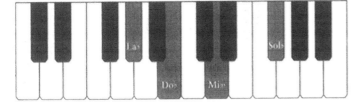

A♭m(maj7)

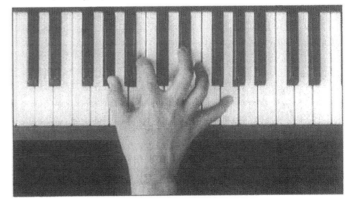

Acordes de La

A

A+

Asus4

A6

A7

A°7

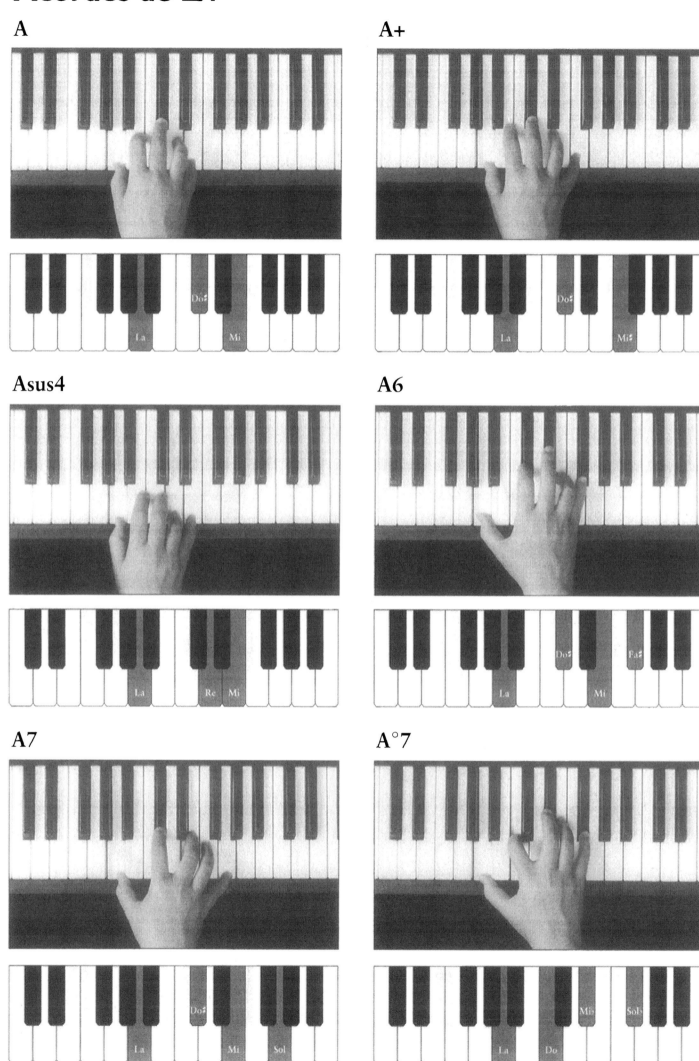

Amaj7

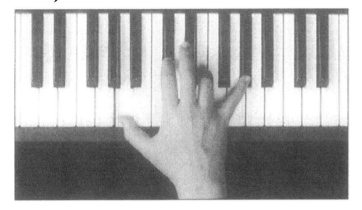

Am

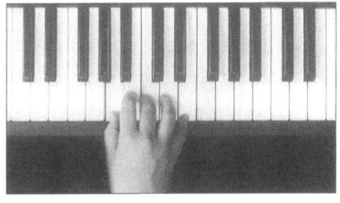

Am6

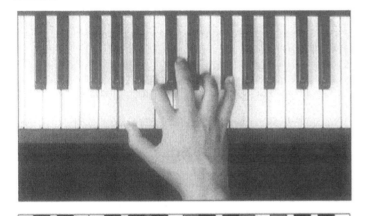

Am7

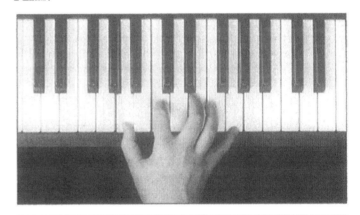

Am7♭5

Am(maj7)

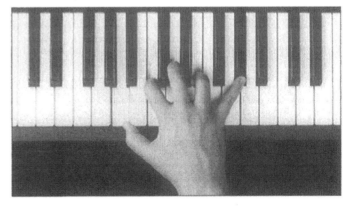

Acordes de Si♭/La♯

Bb

Bb+

Bbsus4

Bb6

Bb7

Bb°7

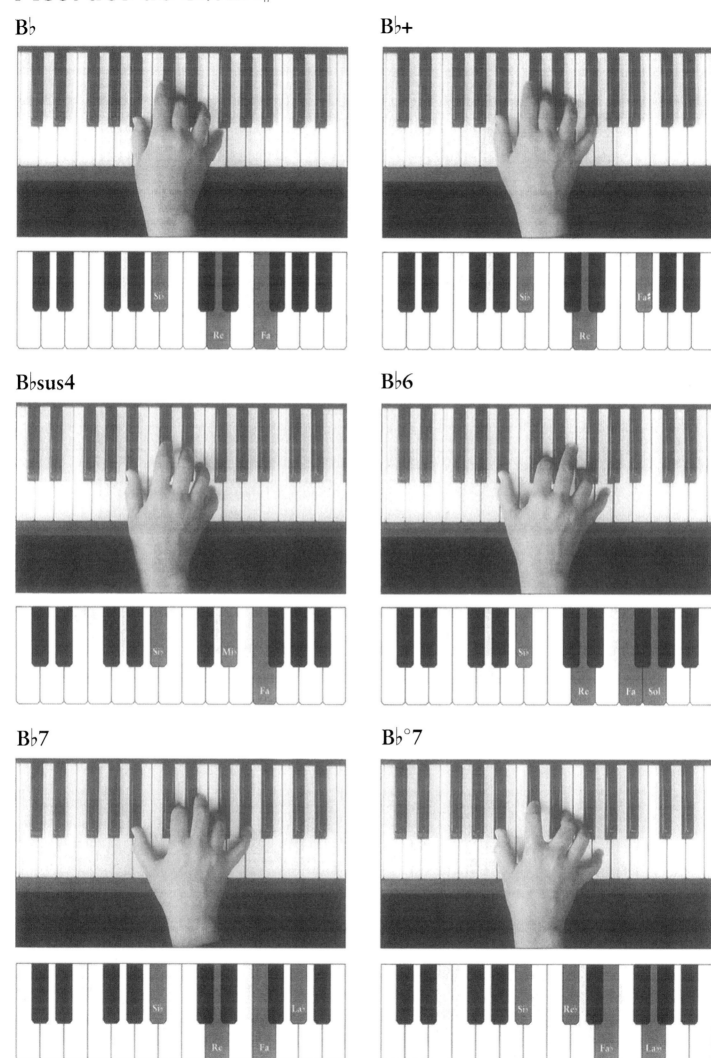

B♭maj7

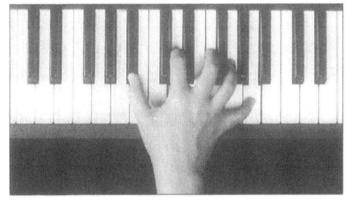

B♭m

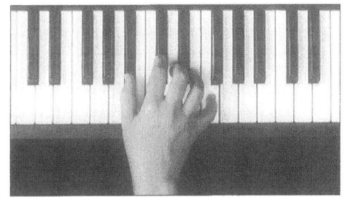

B♭m6

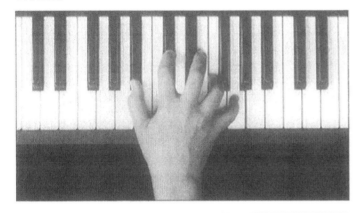

B♭m7

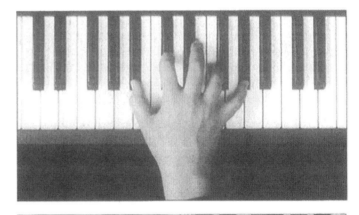

B♭m7♭5

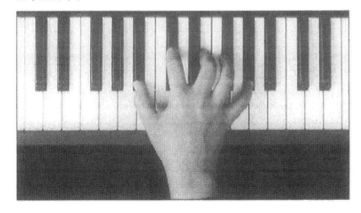

B♭m(maj7)

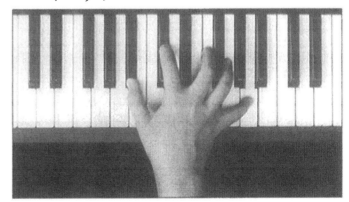

Acordes de Sɪ

B

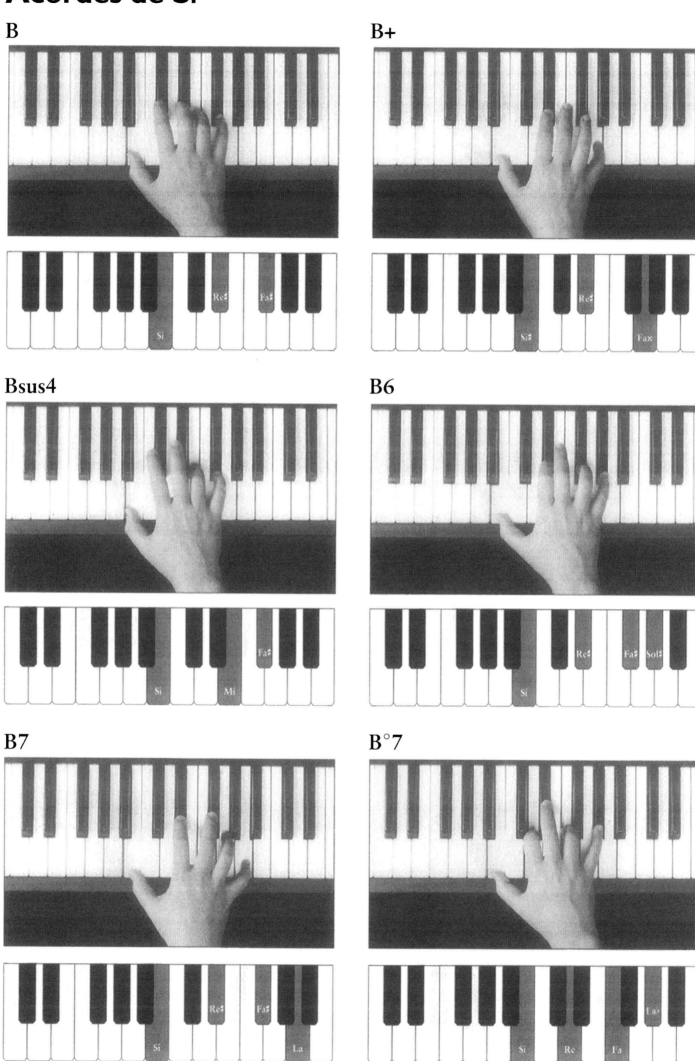

B+

Bsus4

B6

B7

B°7

Bmaj7

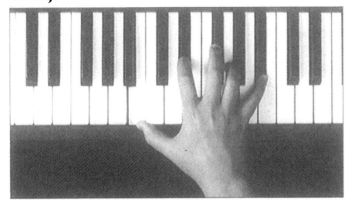

Bm

Bm6

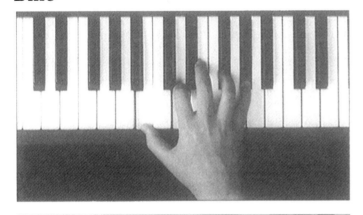

Bm7

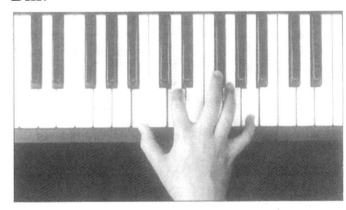

Bm7♭5

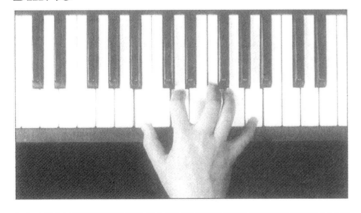

Bm(maj7)

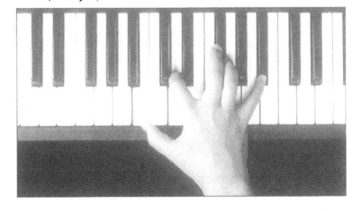

Nombres de los Acordes

Este compendio muestra los nombres más comunes de los acordes, pero a medida que vaya tocando diferentes partituras y use otros libros de música, encontrará diferentes nombres para los acordes inlcuidos en este libro. A continuación se presenta una tabla de equivalencias de diversos nombres y/o símbolos usados en otros libros. Compárelos con los usados en este manual.

Nombre del Acorde	Nombre o Símbolo Alternativo
mayor	M; Maj
menor	m; min; -
6ta	Maj6; M6
6ta menor	min6;-6
6/9	6(add9); Maj6(add9); M6(add9)
7ma mayor	M7; Maj7; △
séptima de dominante	7
séptima menor	m7; min7; -7
menor (7mayor)	m(M7); min(Maj7); m(+7); -(M7); min(addM7)
semidisminuido	°7; ½ dim; ½ dim7; m7(♭5); m7(-5)
séptima disminuida	°7; °; dim; dim7
novena	7(add9)
novena mayor	M9; △(add9); Maj7(add9); M7(add9)
novena menor	♭9; 7(♭9); 7(add♭9); 7-9; -9
oncena menor	m11; min11
oncena aumentada	♯11; (+11); △(+11); M7(+11); △(♯11); M7(♯11)
trecena	13; 7(add13); 7(add6)
trecena mayor	M13; △(add13); Maj7(add13); M7(add13); M7(add6)
trecena menor	m13; -13; min7(add13); m7(add13); -7(add13); M7(add6)
cuarta suspendida	(sus4)
aumentado	+; aug; (♯5); +5